DUENDERÍA

ERNESTO R. DEL VALLE

RELATOS INFANTILES

Ernesto R. del Valle

**EDITORIAL HISPANA,
ESTADOS UNIDOS
DE AMÉRICA**

Todos los Derechos Reservados. Ninguna parte de este libro puede ser reproducida o transmitida de cualquier forma o por cualquier medio electrónico, incluyendo la fotocopia, grabación o por cualquier sistema de almacenamiento sin permiso escrito de Editorial Hispana. Se prohíbe igualmente hacer reproducciones en otros países y con otras editoriales sin la autorización escrita de esta editorial. Primera edición y consta de 25 ejemplares impresos en USA. Cada autor tiene plenos derechos sobre sus propias creaciones y la Editorial no se hace responsable de los mensajes expresados por el o los autores. Si el autor desea hacer más ejemplares del mismo libro debe solicitarlo a esta editorial o solicitar una nueva edición. Si desea realizar pedidos favor contactarnos al: + 1 571 5017325 Editorial Hispana Florida

Esta publicación es apoyada por: www.editorialhispana.net

Copyright 2019 Duendería © Ernesto R. del Valle

ISBN-13: 978- 1080615582

Diseño de portada:
©Lisa Pérez Rodríguez.
©Duendería
Autor: ©**Ernesto R. del Valle**
Palabras iniciales a la lectura.
©**Teo Revilla Bravo.**
Miami, Fl.. 2019
© All rights reserved for edition and design to Editorial Hispana.

Duendería

Dedicatoria

*A mis queridas nietas Li, (Ra-Nazur);
Legna, (Rocme); Lisa (Raze) y Eni, (Umi)
protagonistas de estas aventuras.
Al pequeño José Antonio (Josant) quien, también
en su momento, invadió estos recintos
A La nostalgia propia del niño que llevo dentro,
ese niño que no ha crecido ni madurado,
ni vive lo presente, sino aquel tiempo en que
descalzo corría bajo el aguacero, o cuando
sentía en todo su ser, el jugo del mango
o del marañón maduros, recogidos a la sombra
de la misma mata, escuchando aquellas voces
y risas ocultas entre las malezas...
Ese niño mío que duermo cada noche
y despierta cada día alucinado.
El autor*

Me ha asombrado saber que hay personas que nunca han visto un duende. No dejo de sentir pena por ellos. Deben de tener algún defecto en la vista.

Axel Munthe[1]

---

[1] **Axel Munthe fue un médico y escritor sueco nacido en Oskarshamn, el 31 de octubre de 1857; murió en Estocolmo el 11 de febrero de 1949. A los 18 años Munthe visitó Capri y desde entonces se propuso crear su hogar allí.**

Nota introductoria

Por ©**TEO REVILLA BRAVO**. España.
Barcelona. Junio. 2015.

Un buen amigo, un magnífico escritor cubano, me hace llegar un librito hermoso, un cofre de letras multicolor, sensible, emotivo, un libro de relatos infantiles pensado para leérselo en sus camitas a tres niñas que a su vez son protagonistas principales de esas aventuras, de esas duenderías como las bautiza candorosa y acertadamente su autor. Me pide le deje mi impresión a modo de prólogo o nota introductoria algo complicado y difícil casi siempre. No aquí, en cuanto a dejar constancia de que este libro, por su candor, fantasía y alegría, nos inunda de emoción, nos conquista y estimula desde la primera página haciendo imposible dejar de leerse hasta llegar a su final, ya que mantiene un nervio vivo y una calidad ritual exigentes. El libro abduce enseguida provocando una avalancha de emociones, que por fortuna van in crescendo a lo largo de su recorrido.
La labor como escritor de Ernesto R. del Valle, está más que probada y reconocida por calidad y entrega de años. Es un muy buen narrador, así como excelente poeta. Con este libro consigue seducir al lector infantil, pero también a ese lector sin edad que se acerca a "Duenderías" quedando atrapado, instalado en el tiempo y en el espacio innominado de lo que podríamos denominar como quimera. La conformidad de efecto y economía rigurosa, virtudes de los buenos cuentos, el autor las aplica con mucho acierto, así como el poder de imaginación y de amenidad en lo que cuenta. Como la poesía, el cuento moderno no admite intromisiones, ha de intentar ser un mecanismo de relojería donde cada palabra se haga imprescindible y no pierda su fuerza con el paso de los años. Estos relatos o cuentos de Ernesto R. del Valle, forman sofisticadas fábulas, hermosas leyendas, sentidas fantasías. No revelaré nada concreto del libro, con la esperanza de que pasada esta página pueda el lector encontrarse de lleno y por sorpresa con algo mágico, con un libro asombroso sumamente interesante para ser leído por todos. Cuenta la leyenda que….

Duendería

Los pergaminos

Me encontraba reorganizando algunos papeles y libros, cuando siento algunas voces alteradas. Centro mi atención a lo que sucede y veo aparecer a Legna y a Li, mis dos pequeñas nietas, con un enorme, prieto, manchado y viejo coco.

¿Qué sucede? -pregunto sobresaltado.

Li, de manera atropellada, trata de explicarme el significado de aquello, pero es Legna, mucho más tranquila, quien termina por aclarar el misterio que rodea al enigmático fruto.

-*Pipa*- me dice– *es que estábamos jugando cerca del arroyo y vimos una luz de lo más rara suspendida entre las yerbas. Creímos que era un cocuyo[2] y fuimos a buscarlo.*

Su voz entrecortada delataba el nerviosismo de la niña. Apretaba una mano con la otra, la emoción por lo sucedido le dilataban las pupilas y hacía poner su rostro más sonrosado de lo normal.

-*Entonces encontramos eso*– y me muestra con sus deditos el viejo coco seco tirado en el piso de la habitación– *pensamos que el cocuyo se había metido dentro y lo viramos para que saliera*

- *Y... mira Papi* –sigue contando Li –*salieron unos papeles muy viejos, enrollados y sucios.*

-Cogimos miedo, Pipa –continuó Legna- *y decidimos que lo mejor era traértelo para que los vieras.*

Las niñas estaban en verdad , asustadas. Tomé los papeles y, a primera vista, me resultaron interesantes.

A lo largo de estos capítulos conocerán a GIRIBILLA un Duende o Güije muy travieso, con poderes sobrenaturales, burlón, alegre, noble y feo, pero simpático y justo.

---

[2]**Tucutucus, cocuyos, cucuyos,cocuys, cucubanos, saltapericos, cucayos, taca-taca** o **tagüinches**. Otro nombre es alúa. **(Producen luz), aunque no están emparentados con las luciérnagas.**

primera parte

la leyenda de las tataguas

(Pergamino #1)

Hace muchísimo tiempo, cuando por los campos de las islas del mar Caribe no se escuchaba ni el ladrido de los perros y toda la naturaleza, como un regalo, se vestía de estreno; sólo las mariposas, esas flores volanderas y asustadizas formaban parte del gran carnaval de la floresta. Sus alas revoloteaban por encima de los romerillos, azahares y campanillas en flor. En la hora vespertina se les veía regresar, plenas sus alas del polen mágico de la vida, hacia lugares donde pasar la noche.

Una de esas tardes crepusculares, un grupo de estas mariposas, de alas enormes y amarillas, se separó de las demás, para curiosear los influjos misteriosos del comienzo de la noche. Se dirigieron hacia las márgenes del río *Saramaguacán*, en el valle del mismo nombre, al este de la Isla de Cuba, cerca de donde sus aguas se unen con el arroyo *Lagunillas*.

Cierta chispa azul y juguetona les llamó la atención. Tal parecía que un residuo de sol se hubiese quedado olvidado y prendido entre las malezas, ese brillo alentó el instinto simple de las mariposas y las llevó hacia ese lugar.

El brillante destello provenía de uno de los *curujeyes*[3] crecidos en el tronco añoso de un algarrobo. A medida que se acercaban al pequeño fuego, sus alas, hermosamente amarillas, iban sufriendo un cambio en su estructura y coloración, haciéndose más fuertes, robustas y oscurecidas.

---

[3] **CURUJEY.- Nombre aplicado a numerosas especies de *plantas bromeliáceas parásitas, particularmente de la** ceiba.

Y cuenta la leyenda que fueron los ojos de GIRIBILLA los que sedujeron a cuantas mariposas ingenuas e imprudentes cayeron bajo el sortilegio de su mirada en los lagos, ríos, lagunas o cañadas existentes por estas comarcas. Es así como las convierte en su inseparable ejército.

Desde entonces, y hasta ahora, la inocencia del vuelo de las mariposas amarillas desaparece junto al color de sus alas, convirtiéndose en la fantasmal "tatagua[4], oscura y brumosa como la noche, cazadora de los fulgores y esclava de la candela.

---

[4] **TATAGUA.- Mariposa nocturna de alas negras. Protagonista de una de las leyendas pre-colombinas conocidas en Cuba. También se le conoce por Bruja.**

La culebra susy

(Pergamino #2)

Giribilla hace justicia a un pobre y solitario polluelo y castiga a la serpiente Susy.

Despertó con mucho sueño. La tarde, fría y lluviosa no le había gustado nada. Se sentía mal, con muchos deseos de hacer daño. Estaba malhumorada y hambrienta.

Una culebra en ese estado de ánimo, era muy peligrosa. Miró con sus ojos miopes todo lo que podía alcanzar con la vista y lentamente, como una larga sombra, Susy comenzó a bajar del viejo ceibo.

Sobre el río **Caonao** una gasa de nieblas vestía sus aguas como un fino encaje. La culebra enseñó su lengua bífida a una jutía, en señal de mofa; Susy era realmente una culebra con muy pésima educación. A su paso la naturaleza toda se ponía en tensión y hasta las hormiguitas trabajadoras y sociales, cesaban su nervioso ir y venir.

Los escasos dos metros de Susy se estiraron en toda su longitud, sus escamas refulgían con el brillo del sol reflejado en las gotas de agua de la hierba humedecida. Miraba hacia todas partes y volvía a sacar la lengua al aire frío que le incomodaba.

La brisa vespertina le había dado en la nariz. Su olfato finísimo encontró fragancias prometedoras y codiciadas que despertaron su instinto de cazadora furtiva, abusadora. El cacicazgo **siboney** saludaba la puesta del sol con sus cantos y bailes. Los **cayucos** una vez terminada la faena del día, descansaban en las márgenes del río y algunos niños jugaban cerca de los **bohíos**, bajo la atenta mirada de las ancianas de la tribu. Una manada de gallinas regresaba, junto a sus su crías, picando aquí y allá, los últimos residuos que pudiera haber entre las yerbas oscurecidas.

Susy, en plan de caza, estaba preparada para lo que su instinto de culebra, malhumorada, le dictara.

Rodeó el floreado **flamboyán** situado a orillas del sendero por donde los pescadores bajan en busca de sus embarcaciones. La noche ornamentaba ya las primeras hojas del recio **cedro** crecido a escasos metros de la primera vivienda de **yagua** y pencas de **guano**.

Un tenue piar alertó a Susy y su instinto de cazadora experimentada le hizo pegarse a las altas yerbas, ocultándose. Su lengua presentía el delicioso olor de la carne de polluelo.

A quince metros y con la brisa a su favor, comenzó a mover sus anillos trituradores, centímetro a centímetro iba dejando atrás al flamboyán y toda su naturaleza de culebra esperaba no ser sorprendida por uno de aquellos perros mudos que noche atrás le hicieron pasar un susto de espanto.

Diez metros y los olores codiciados por su ansia de **gula** .se le hacían más ciertos... siete metros, cinco metros....

La noche era cierta. De la margen derecha del río avanzaba una chispa verdi-azul que elevaba, hacia todas partes, un revoloteo de alas. El mal carácter de Susy y su instinto de culebra no tenían más ojos que para aquel polluelo abandonado por la manada: una pequeña pero suculenta cena que estaba por ganar en unos minutos.

La lengua de Susy relamió con gusto lo que el olfato le dictaba con aquella certeza singular.

Las primeras tataguas llegaron y junto a ellas, la chispa, la candela viva, amenazando de manera traviesa la gula de Susy que estaba lista ya para lanzarse sobre la inocente presa.

Aquello resplandeciente y orejudo se le acercaba, la cola del reptil se encogió como impelida por otra fuerza superior a la suya. Los colmillos de la culebra nada pudieron contra aquella figura que se le echaba encima trastornando su forma y haciéndola un ovillo hasta terminar convertida en un nudo viviente y alterado.

Con la primera luz del día siguiente, los perros del cacicazgo corrían desconsolados de un lado a otro. Los niños, sorprendidos ante la actitud de sus canes, corrían y saltaban alborozados hasta que el viejo de la tribu señaló lo que parecía ser una enorme pelota.

Incapaz de movimiento alguno, Susy se revolvía en su propio cuerpo tratando de escapar de algo que no la dejaba mover. Los adultos y jóvenes se unían al alborozo y daban palmadas al ver aquello.

A varios metros del lugar, la manada de pollos picoteaba las raicillas, semillas y granos que encontraba, ignorante de todo. De las altas ramas de la centenaria caoba, una tatagua, torpe ante la luz solar, zigzagueaba hacia la rivera del río.

Y en las límpidas y frescas aguas de El Caonao, Giribilla dormía tranquilamente, satisfecho de haberle dado una lección a aquella vecina molesta, abusadora y mal educada.

El misterio de magarabomba
[Pergamino 3]

Antes de producirse la guerra de Independencia, entre cubanos y españoles, allá por los años 1850 o 1851, existía por la zona de Magarabomba, un pequeño batey localizado al noroeste de la *Villa de Puerto Príncipe*, hoy Camagüey, un hombre famoso por su fuerza poco común.

Aún hoy, luego de tantísimos años, pueden escucharse, convertidas ya en leyendas, las diferentes historias y anécdotas relacionadas con su fuerza bestial, entre ellas, de cuando arrancó de raíz un viejo ciruelo que entorpecía el paso de las carretas hacia Esmeralda o de la vez que se echa a la espalda cinco horcones de *caiguarán*[5], trasladándolos a quince metros de distancia. Así eran los relatos que sobre Trabuco, el hombre más fuerte de Magarabomba, se escuchaban por la región y no pocos forzudos de otras zonas iban a medirse con él para salir de dudas.

Sean verdad o mentira dichas historias, lo cierto es que las tales forman parte del anecdotario folclórico de ese lugar.

Trabuco no hubiera permanecido en la memoria popular de no haber sido por el enigma que rodeó su vida, acontecimiento que le dejó más blandito que un merengue.

Una noche lo vieron salir, con toda su fama de hombre fuerte encima, pavoneándose orgulloso hacia el camino de Las Delicias. Los que lo vieron siguieron en sus asuntos y pronto se olvidaron de él..

Pero cerca de las doce de la noche, cuando la luna parecía una monedita amarilla colgada en lo alto de la bruma nocturna, Bola, Ñañuja y el flaco Güinio, encontraron al pobre Trabuco tirado sobre el polvo, recostado a uno de los horcones de *jiquí* del portal de la bodega de Candelario. Cuentan los amigos que cuando lo encontraron estaba hablando boberías, con la mata de pelo negro y ensortijado, todo revuelto y el sombrero de *yarey* estrujado y mordido. Lo que más les llenó de frío el cuerpo a los tres hombres, fueron aquellos mariposones negros que revoloteaban como locos alrededor del pobre Trabuco, como si este fuera un cabo de vela encendido..

Los habitantes de la época nunca supieron lo sucedido aquella noche a Trabuco por el camino de Las Delicias, pero cuando algún muchacho travieso le gritaba ¡Trabuco, allí vienen los mariposones!., el pobre hombre echaba a hablar disparates, a temblar, a morder su sombrero de *yarey* y a perdérsele la mirada en un manto de sombras como si mirara, desde el fondo de sí mismo, revolotear las *tataguas* por encima de su cabeza.

Duendería

Fantasmas en alto Asunción *(Pergamino #4)*

Nota: Todas las locaciones en este relato son reales, se encuentran en la zona Noreste de Camagüey, Cuba. Puedes buscarlos ayudado por un mapa con tu profesor o profesora de Geografía

La zona de **Alto Asunción** se encuentra entre la boca del río **Saramaguacán** y la laguna **Los Chinos**. Hace mucho sucedió en esa zona un espectáculo tan misterioso que aún la ciencia no ha aclarado. Un día de esa lejana fecha, no amaneció, es decir, el sol de cada mañana no asomo su rostro en el horizonte, fue como si la tierra se hubiese detenido. Aunque científicamente lo ocurrido es totalmente imposible, muchos creyeron tales murmuraciones. Lo cierto fue que las fronteras del día y de la noche se pusieron de acuerdo para no dar un paso más en el carril del cielo.

Cerca de la laguna **Los Chinos**, existía un breve bohío de tablas de palma y techo de guano en el cual vivía un negrito llamado Tropelaje: el personaje de esta historia.

Las aves de corral, confundidas con la oscuridad y la falta de sueño, no sabían qué hacer; los tomeguines, mayitos, calandrias y tojosas, al igual que las aves marinas procedentes del **Estero Cañón,** volaban como tontas y las bestias de corral pateaban el suelo, azoradas, buscando una razón que sus instintos de animales les permitiera comprender.

Tropelaje andaba que no se quería, ágil y espigado, parecía un papalote sin hilo, a bolina por toda la casa, brincando y vociferando a más no poder. Para él, aquello era una fiesta, pero su abuelo, con más años que el roble sembrado al fondo del patio, tomó al muchacho por el brazo y mirándolo fijamente a los ojos le susurró cerca del oído.: **"etate quieto misijo que eto son cosa de píritu"** y con la misma lanzó la mascá de tabaco hacia donde comenzaba el sendero.

TROPELAJE VA PARA EL PATIO

(Pergamino 5)

El niño sacudió su miedo y miró para las estrellas de manera burlona, el chiquillo estaba pensando en la próxima diablura que iba a realizar.

Tomó una sábana blanca, una lata de leche condensada vacía y se dirigió hacia el platanal sorteando el sembrado de ajíes y tomates.

La vaca Facunda mugía temerosa y le lamía el lomo a su becerro, a modo de protección. Chiqui, el perro manchiprieto de la casa siguió al muchacho con la alegría característica de los perros domésticos.

Tropelaje entró al platanal y se agachó en el segundo surco de la parte derecha del sembrado de ajíes, tomó la lata vacía y llevándola a la boca comenzó a ulular: "**huuuuuuuooooooouuuuuu**". Como mejor pudo se colocó la sábana blanca por encima de la cabeza negrita como las alas de un **totí,** esperaba darle a su abuelo el gran susto de la vida cuando este se asomara al patio, extrañado por el ruido.

EL ENCUENTRO

(Pergamino 6)

El murmullo lejano del río se mezclaba con el ruido de las hojas del platanal movidas por el viento y con los otros muchos procedentes del monte, más los terribles alaridos producidos por Tropelaje, por esta razón el muchacho no escuchó el angustioso y breve aletear de una tatagua que vino a posarse en el capullo de un racimo de plátano recién abierto.

Tropelaje estaba tan absorto en su broma que tampoco se percató de aquella figura pequeña, orejuda y resplandeciente que lo miraba desde el gran peñasco donde su papá y el abuelo amolaban los aperos de labor; **Chiqui** gimió angustiado al ver aquello y tanto se le erizó la cola que parecía congelada. Las **Tataguas** revoloteaban como locas e medio de una estela de polvo negro y fosforescente.

Y cuando **Giribilla,** con esa voz como salida del fondo del río dijo:

¡Muuuuchaaaacho!

DE NUEVO EL SOL

(Pergamino #7)

Las patas del pobre perrito se perdieron en la oscuridad opaca del día dejando tras de sí un aullido de desesperanza y cobardía. **Tropelaje** por su parte, perdió la noción de su ser, quedó pegado a la tierra como un tronco, con la boca abierta, los labios pálidos y las palabras colgadas del aire sin saber qué hacer con ellas y cuando **Giribilla** se perdió tras el fuego de una libélula, escoltado por las Tataguas, sólo entonces el muchacho cobró vida y las palabras despertaron para terminar en un grito de terror que acompañaba a sus delgadas piernas, arrancando en su correr **bledos, guizazos,** matas de ajíes y dejando un reguero de tomates verdes y rojos por todo el trillo, acabando con cuanto arbusto y enredadera se le metiera por medio.

Llegó la claridad del día a Alto Asunción. Los colores de la vida ornamentaban el hermoso monte. Al pobre negrito se le quedaron los ojos como asustados para siempre y el abuelo al ver el destrozo causado por su nieto en la siembra, le puso el nombre por el cual se le conoce en esta historia: **Tropelaje.**

> *Las tropas camagüeyanas, en el departamento oriental de la Isla de Cuba, habían enfrentado en distintas ocasiones y con éxito a los españoles. Entre esas victorias se mencionan los encuentros de El Plátano, La Horquilla, San Tadeo, San Ramón Pacheco, (sigue otro nombre ilegible) La Matilde, Sitio Potrero, El Edén y muchos más, pero las autoridades peninsulares temían un ataque directo a Puerto Príncipe, por lo que reforzaron todas las entradas posibles, senderos, caminos, puentes, etc.*

Jiribilla en el puente de Méndez[5]

MISTERIO EN EL PUENTE DE MÉNDEZ (Finales del año **1869.**) Pergamino #8)

Hacia la salida Norte de la villa, conocido como **Sabana de Méndez**, existe aún un puente bajo el cual corre un rápido y fresco arroyuelo. A cada lado del camino, por el Sur, había sembrados sendos algarrobos cuyas fuertes ramas caían como al descuido sobre la límpida corriente de las aguas. El arroyo, que corre de Norte a Sur, antes de llegar sus aguas al puente, hace un giro de noventa grados hacia la derecha, es decir hacia el Oeste y, a la salida del mismo, su vertiente casi recta se pierde unas leguas más allá entre las malezas hasta tributar sus aguas al río **Tínima.**

Una dotación del Batallón de Voluntarios. fue destacada a la vigilancia de dicho lugar.

---

[5] Este puente aún existe.

LAS DOCE DE LA NOCHE

(Pergamino #9)

Una noche de luna llena, la guardia escuchó un resonar de cascos sobre el polvo del camino y cierto susurro de voces sospechosas e intranquilas.

El reloj enchapado en oro del Teniente Gonzálvez, marcaba las doce de la noche y algunos minutos más; de todas formas, a esa hora, todos los poblanos que debían entrar o salir de la villa, ya lo habían hecho según las normativas de la Comandancia.

(El pergamino está roído por varias partes haciéndose imposible su lectura, en otras partes, la humedad ha borrado algunas palabras. Solamente más adelante puede leerse)

Los militares, al escuchar ruidos de cascos y murmullos de personas, pusiéronse en plan de alerta, dieron la voz de ¡ALTO! y a continuación el estridente ¡VIVA ESPAÑA!, y nerviosos, cargaron los fusiles… todo quedó en silencio entonces.

INFORME DEL TENIENTE GONZÁLVEZ

(Pergamino #10)[6]

Los horas más tarde el Teniente Gonzálvez, con el uniforme roto, despeinado y balbuciendo las palabras, trataba de explicar a su Capitán lo sucedido bajo el Puente de Méndez, *"dooon...de estaaaá... baaamos eeen cuuum...plimieeen...to de nuestro deber"*. Informaba

Con los ojos espantados y todo el cuerpo hecho un temblor, balbucía, si entendérsele las palabras: *"una cooo...sa como de... de los mil demooo...nios surgió de las aaaa...guas aquellas, acompañado de un aaale...tear misterio...so y aaate...rrador."*

Más calmado, a medida que informaba a su Capitán, el teniente continuaba: *"aquello surgió de las aguas junto a sapos y culebras. Y todo, mi Capitán, todo, comenzó a dar vueltas; nosotros en cuatro patas por todo aquel **zarzal**, tratando de zafarnos de encima aquellos mariposones prietos que nos aleteaba en los ojos y en las narices..."*

Esa noche los mambises penetraron a la Villa y se pertrecharon de los víveres necesarios; ya de retirada, vieron bajo el Puente de Méndez unas pobres sombras llorosas y suplicantes que manoteaban sobre sus cabezas como espantándose algo.

Desde algún lugar de la noche, escoltado por las tataguas de pesadillas, el hijo de las aguas gozaba en silencio su última travesura.

---

[6] (NOTA: *El pergaminos Nro. 11, está ilegible por tal motivo no forma parte de esta historia. El Nro. 12 no existe fue destruido por el tiempo o váyase a saber a dónde fue a parar*)

"Los recuerdos propios comienzan luego de que se establecieran en la Comarca y las leyendas más antiguas apenas si se remontan poco más allá de los Días del Éxodo."

Segunda parte

La historia nos compromete a acercarnos a los habitantes que vivieron hace muchísimo tiempo atrás. A conocer sus costumbres, estudiar su idioma, comprender su manera de vivir, y lo más importante, analizar su desarrollo social Conozcamos pues a los Nabucs, el pueblo que emigró de las tierras de Los Grovers, los Elfos Oscuros y los nómadas Ovoids,

Algo de historia

Los viajes más largos comienzan con el primer paso..

Anónimo.

(Documentos hallados enterrados cerca del arroyuelo donde las niñas jugaban)

A través de las antiguas *Tierras Calcinadas*, comenzó el éxodo de la *Tribu Nabuc* al frente de Er-Nazur II. Salieron de noche y con frío atravesando lodazales, vadeando arroyuelos, maizales, largas llanuras y peligrosos precipicios a través *de La Montaña de los Insomnios,* vigilados y custodiados por sus antiguos amigos *los Elfos Oscuros. Los Nabucs* debían atravesar la extensa zona de *Las Lagunas de los* Ovoids, un pueblo nómada de naturaleza guerrera y revanchista. En dos jornadas nocturnas los Nabucs pasaron esta zona de peligro y luego, jinetes sobre los cuellos de sus pequeñas aves, atravesaron el pozo inmenso y profundo que separaba las *Dos Tierras,* hacia el Oeste, eso fue durante la *Dinastía de los Clanes* mitad del siglo 1ro de la 1ra mitad de la *Edad 3ra de la Luna*

Los *Elfos Oscuros* pueblo trabajador y dado a los cantos religiosos al *Dios Orquen* .y los Grovers, pueblo bullanguero y feliz pero defensor de su autonomía, compartían el mismo territorio, peleándose entre sí, años tras años, ora por la cosecha, ora por la tierra o por la incursión de los *Elfos* en las comunidades *Groverianas.* La Tribu de los *Ovoids* cuyos antepasados se remontan a la oscura leyenda de las Comarcas Congeladas, llegaron a la Región Tropical desde muy al Norte, allende el *Mar Bariq* en las *Tierras Nevadas de Aversuan.*

Llegaron en plan de batalla y se alojaron en la *Zona Húmeda*. Fueron olvidados a través de los años y ya en el siglo III de la *Edad 4ta de de la Luna,* los pocos nómadas *Ovoids* que quedaron se emparentaron con los *Grovers* y los *Elfos Oscuros*, no así con los *Nabuc* que ya no existían en parte alguna de esos territorios. La remota rivalidad entre los *Elfos Oscuros* y los *Grovers* era ya historia olvidada para la *3ra parte de la Edad 2da de la Luna y l*as guerras pasaron a planos verdaderamente innecesarios. Ambos pueblos se dedicaron a la complacencia de la música y los bailes, la agricultura a escribir sus crónicas y al estudio de *El Mundo de la Luz.*

Los *Nabucs* llevaban como único tesoro milenario las Crónicas de Apstaín, el primer Consejero *Nabuc* que tuvo esta Tribu en los perdidos tiempos de la *Edad 1ra de la Luna.*

En pequeños pergaminos algo deteriorados por el tiempo se encontraban sin embargo bien enrollados y metidos dentro del Fruto Verde. Dentro de este fruto se guardaban escritas las antiquísimas leyendas e historias de los pueblos nocturnos. *Elfos blancos, Gnomos peludos, Güijes* de largos brazos y pies colocados hacia atrás, *Ordus,* duendes plácidos y gordezuelos y toda clase de nómadas que supieron subsistir en las Tierras Calcinadas de los Elfos Oscuros

Se asentaron en *El Valle de las Violetas,* al centro de las *Colinas de los Vientos* y escogieron para su comunidad una pequeña zona sembrada de frutas, a las márgenes de un pequeño pero cristalino arroyuelo. Precisamente las márgenes de este arroyo al que bautizaron con el nombre de *Serpiente Cristalina* fue el lugar escogido para dejar a buen resguardo el mencionado *Fruto Verde*, que en la época en que se detallan estos hechos estaba ya seco y manchado por el tiempo.

El área, a la que llamaron *La Floresta de Gnouft,* fue dividida en círculos y zonas. Allí los *Nabucs* vivieron y desarrollaron todo tipo de actividades productivas. Al decursar los años y cuando ya del Éxodo de la Comunidad ni se hablaba, el concepto de *Tribu* fue cambiando por el de *Pueblo* y para la segunda mitad de la *Edad 4ta de la Luna* a mediados de Ortgor mes inicial del *Año Nabuc,* la población había desarrollado tal eficiencia en la producción de valores que tomó el nombre de *Ciudad* y los mismos miembros tomaron el nombre de *ciudadanos* al igual que los *Entes Diurnos*.

Todas las crónicas que cuentan lo acaecido a partir del momento de la llegada de los *Nabucs*, al frente de Er-Nazur III, fue destruida por la humedad y la acción de unos raros insectos que devoraron los pergaminos. Lo curioso de todo esto es que, cada generación de los *Nabucs,* guardaron la costumbre de dejar por escrito los hechos, anécdotas y ocurrencias del día, en pergaminos que ellos mismos fabricaban con las técnicas heredadas de sus antepasados, siglos tras siglos. Pero la última generación de la que se tiene noticia enriqueció esta técnica humedeciendo los pergaminos en una sustancia que ellos llamaban *cunt* extraída del *Árbol del Guaisim*, cuya sustancia ahuyentaba a los insectos devoradores y los preservaba de la humedad.

El lenguaje de los *Nabucs*, era muy complejo, al menos su escritura, pero aprendieron de los *Entes Diurnos*, leyéndolos a escondidas tras las sombras de la noche; muchos otros continuaron con el habla nativa por aquello de mantener las tradiciones de sus antepasados.

El caso es que los últimos *Nabucs* de que se tiene memoria encontraron huellas de los pies de otro ser marcadas en el fangal de la orilla del arroyo. Las *Crónicas de Er-Ostén*, dan cuenta de que dichas huellas pertenecían a un güije feo, pacífico y travieso llamado *Giribilla,* nativo de ese lugar; venido desde *Los Humedales*, esto es, de las comarcas algo más al norte lugar donde unen sus aguas dos enormes ríos.

No se le conocía sucesor ni parentesco alguno a través del tiempo y él mismo no se dejaba ver de los miembros de la comunidad, ni se relacionaba con nadie. Lo que más impresionaba a los *Nabucs* era la cantidad enorme de mariposones negros que siempre se encontraba revoloteando por las inmediaciones del arroyo, cuando se conocía de la presencia de este ser en el lugar.

El Nabuc desarrolló, bajo los sabios consejos del actual *Maestro Ra-Nazur*, descendiente de aquel *Er-Nazur III*, una gran conciencia futurista, sobre todo la ética por la justicia, el amor a la naturaleza y la conservación de la lealtad y fidelidad entre los *Entes Nocturnos* y un acercamiento más racional con los Hombres, conocidos como *Entes Diurnos*

Este duende dejó para las generaciones futuras el **DECÁLOGO DE RA-NAZUR**, especie de Preceptos que guiarían el carácter y el pensamiento de los seres bajo su protección.

Desarrollaron como algo natural las artes mágicas, dominaron los elementos de la física y dedicaron su vida a servir de hilo conductor entre la fantasía y la realidad. Encontraron la sustancia que borraba el recuerdo de su existencia en caso de que algún *Ente Diurno* los sorprendiera, haciendo que éste olvidara lo visto u oído.

Desde los tiempos oscuros de la *Edad 1ra de la Luna* hasta los últimos días, fueron *Seres Nocturnos*; vivieron alejados de los *Entes Diurnos*, considerándolos atrasados y pendencieros, sin embargo tenían gran estima por los hijos pequeños a los que dedicaban gran parte de sus quehaceres aún sin ellos darse cuenta. Nunca se unieron ni se dejaron ver de ellos a pesar de que muchos sospechaban su presencia al caer algo al suelo, moverse alguna cosa sin motivo alguno o cerrase una puerta sin saber cómo.

Esta cultura social entre los *Nabucs* y los *Hombres* permaneció de generación a generación.

Hasta el día de hoy y por los siglos.

Otros pergaminos.

(Breve aclaración para seguir el viaje)

Luego de leer lo sucedido a los españoles debajo del Puente de Méndez, vuelvo a sacudir el enorme coco y encuentro más papeles, esta vez mucho más pequeños, muy finos y doblados cuidadosamente. Al salvarlos de su recipiente y colocarlos sobre la mesa, escapa de ellos una luz intensa y brillante, de tonalidades y matices tan alegres y agradables que mi habitación se ve, de inmediato, bañada de una hermosa policromía, como si los primeros rayos del sol que iluminaron el mundo, penetraran a chorros por debajo de la puerta.
Li y Lega, alborozadas, saltaban de alegría ante aquella hermosa experiencia multicolor.
El esplendor se fue opacado lentamente hasta que todo quedó con la supuesta naturalidad de antes, pero no, la pintura de las paredes reapareció ahora mucho más viva y limpia. Decido al fin abrir el primer documento con mucho cuidado, a fin de no dañar la escritura que se entrevé.
Mis ojos tardaron en adaptarse a aquellas letras, tan pequeñas y confusas, que parecían hileras de hormiguitas apresuradas.

Invitación

Invité a las niñas a la tranquilidad y al silencio para que escucharan el contenido de aquellas, diríamos, historias.

Vamos pues a conocer a estas nuevas criaturas cuyas interesantes aventurillas, sé que les serán divertidas y fantásticas, tanto, como las acabadas de leer.

Conocerán a *Tintorín, Umi, Rocme, Ra-Nazur* y a muchos duendes más que, al igual que Jiribilla, han sido capaces de realizar lo que aquí se cuenta.

Dejemos al *'hijo de las aguas'* y a su pavoroso ejército de *Tataguas* en su última andanza y abramos de una vez la misteriosa cortina de la fantasía, rompamos ese velo de fábula y que aparezcan ante nuestros ojos, como en un sueño, Tintorín y sus hermanos del bosque.

Vengan conmigo, comencemos el viaje y crucemos los umbrales de este mágico mundo.

Ernesto R. del Valle

Los diez preceptos de Ra-Nazur

(Pergamino # 13)

Esta es la legendaria Ley de los Duendes, El famoso y muy buscado DECÁLOGO DE RA-NAZUR, codiciado por lingüistas, museólogos, antropólogos, sociólogos y hasta piratas mal encarados de todas las épocas.

Muchos sospechaban de su existencia y muchos aventureros llegaron hasta la Isla de Madagascar en busca de este documentos, sin dudas el más codiciados e importante que sobre los Duendes ha sido jamás revelado.

Está escrito en una legua extraña, se presume, quizás, el *Ranka* antes de que este se expandiera más allá de las fronteras de su tierra nativa hasta los territorios de los Imperios de las *Islas Oscuras*, es decir, desde mucho antes del siglo 1ro de la 1ra mitad de la *Edad 3ra de la Luna* en el calendario de los antiquísimos *Ovoid*

Gracias al trabajo en equipo junto a mis dos pequeñas colaboradoras, hemos confeccionado un código que ha hecho posible, en corto tiempo, la traducción de este y otros escritos.

Copia literal del documento

A todos los seres fantasiosos que habitan la superficie de la tierra, profundidades de los mares, lagos y rios, a los habitantes de los hielos milenarios y espíritus del aire y del sueño.

Decálogo de Ra-Nazur

1. No dejarse ver por los seres adultos. No estamos vedados a las miradas de los niños y niñas siempre y cuando el aire les sea prometedor a la fantasía y no peligre su tranquilidad y sueño.
2. Esparcir alrededor de nuestra estancia el "polvo del olvido" tomado del polen de las flores blancas durante la niebla nocturna.
3. La fantasía debe hacerse sentir inmediatamente que alguien haya penetrado en nuestro mundo.
4. El poder heredado a nuestros ancestros será utilizado con honor durante el esplendor fantástico de la noche.
5. No invadir el imperio del sol. No encadenar el aire en nuestras miradas ni que nuestra voz marchite los colores de la vida.
6. Las palabras de los hombres nos salve del olvido. Nuestro mundo sea presentado para que el recuerdo que se tenga de nosotros sea como algo sucedido durante el sueño.
7. Allí donde exista el mal, dejar nuestra huella de luz y justicia en el sentimiento de los seres vivos.
8. El llanto no ensombrezca, por nuestra culpa, la hermosa inocencia infantil.
9. La noche sea nuestro reino, la fábula nuestra razón de ser; existamos en la fantasía infantil.
10. Despejar de todo su poder y enviar al País de las Nadas al que incumpla uno solo de estos preceptos.

YO, EL GRAN Ra-Nazur

HE PROCLAMADO

Los inicios

(Pergamino #14)

EL SILENCIO DE LOS COLORES

En los tiempos que la memoria no guarda, cuando todo lo existente sobre la faz de la tierra (lagos, ríos, mares, montañas, etc.) estaba por ser descubierto o estrenado, un joven sapo gris y arrugado no hacía más que lamentarse de su presencia y aspecto desagradables.

En su queja, el pobre sapo se decía a sí mismo los deseos que tenía de tener alas.

-Si al menos volara, quizás el mundo no fuera tan aburrido para los sapos- decía quejumbroso, mirando hacia lo alto de una enorme algarroba donde una cotorra, gris y parlanchina, le chillaba a cuanta ave le pasara por al lado.

El triste sapo, en su estrecho entendimiento, no podía comprender que él era así y no de otra forma, pero seguía croando y croando su infelicidad, en medio de aquel enorme silencio que asolaba los campos de cuba, en los remotos años en que la Isla si tan siquiera tenía ese nombre ni ningún otro.

Pero dejemos al sapo con su juventud y su llanto.

Vemos que unas espesas nubes presagiaban quizás, una de las primeras tempestades sobre la tierra. El sol, con su carota opaca, no acababa de ocultarse y seguía allí, haciendo guiños.

Luego vemos que la lluvia comenzó a caer cual fina cortina de gasa humedeciendo alas grises de cotorras y pieles arrugadas de sapos pendencieros.

Pero vemos también y ustedes deben haberse dado cuenta, todo era gris o sepia. ¡Qué feo y aburrido debe resultar un paisaje así! ¿Verdad? Sin la policromía de las flores, sin los verdes de los campos, sin el cristalino azul del cielo.

Tintorín

(Pergamino #15)

Pero no todos los habitantes, en aquel intrincado paraje, se dedicaba a llorar su suerte o a envidiar a sus vecinos. .

Te invito a mirar con detenimiento entre la tupida maraña de helechos, bledos, hojas secas y malezas de diferente tipo; descubriremos, en la oscuridad inalterable de la floresta, una pequeña luz, saltarina, brillante y limpia, ir de un lugar a otro como la suave brisa.

Si nos acercamos más, observaremos que aquella breve y brillante luz tiene forma de... ¿un hombrecito?!!!.

Pues sí, es una pequeña criatura de melenas tan largas y blancas como sus barbas. Extraño, verdad?.

Ahora tratemos de afinar bien el oído, acerquémoslo, más que a la oscuridad de las malezas, a lo profundo de nuestra imaginación; ¿no percibimos acaso, la vibración como de un hilo plateado, invisible casi, tenso por el aire?

¿No sentimos el murmullo de la brisa entre los ocujes y yagrumas? ¡Pues ya estamos en el fantástico y esplendoroso mundo de la fantasía que nos llevará hacia Tintorín, ese personaje mítico y fabuloso que hace la vida más hermosa cada día.

¡Alerta mis amigos!

El aire gris, como el paisaje, se lanzará hacia la manigua más cercana dejando detrás el polvillo mágico de la mágica invención.

¿No escuchamos acaso la voz de la brisa mañanera como nos dice, "muchos son los misterios de los duendes a los ojos de los niños"?

Pues ¡sí!, Tintorín, ese hacedor de arcoíris y de los matices brillantes de la vida. Ha detenido la tormenta y arremete ahora contra las sombras para diseminarlas en los hermosos colores jamás imaginados.

Se despiertan los colores

(Pergamino #16)

Ha llegado precisamente ahora y descubierto la crisálida fantástica de los colores dormitando aún. En esa labor lo encontramos, apartando la tela del sueño para dar los toques mágicos y hacer que el abanico de colores se despliegue por todos los rincones de la Isla.
Su voz de duende alegre, se escucha fina y tenue como una nota musical.

*"**Soy un duende original,**
donde estoy nada anda igual.
Sobre la luz vengo y voy
como gran duende que soy"*

Dando un pequeño salto hacia delante, Tintorín, con su pincel mágico toca levemente la crisálida dormida diciendo:

*"**!Despiértense los colores**
del capullo de las flores!"*

Para terminar el sortilegio con los brazos en alto diciendo las palabras mágicas:

"! Trácata-plín
Soy Tintorín!"

En sus fuertes manitas de duende, tomaba la fantástica crisálida en que permanecían todos lo colores dormidos en el silencio de su capullo. Una hermosa eclosión estalló iluminando no solamente aquella zona;. Toda la campiña de la Isla, hoy llamada Cuba, recibió el prodigioso baño de colores y luces hasta el día de hoy.
"Tintorín, con su pincel mágico toca levemente la crisálida."

Una historia que te invito terminar.

(Pergamino #17)

Existe una ilusión, un sueño único en nuestra vida, esa mariposa que nos ha llevado encima de sus alas cuando somos muy pequeños, para visitar el hermoso mundo de la quimera. Esa mariposa que por muchos es olvidada y el niño que fuimos se convierte tristemente en un adulto incrédulo, vacío, falto de imaginación.

Espero que mis amiguitos y amiguitos lectores nunca olviden su mariposa azul, amarilla o del color que la concibió y puedan legarla a sus hijos y nietos y ellos a los suyos, así por siempre.

. La quietud reinaba por todo el mundo duenderil. El prisma de luz hacía resaltar la majestuosidad de aquel paraje y una mariposa parada sobre una campanilla color malva, libaba el néctar ambarino de la flor.

Esta mariposa precisamente, de iluminados colores, acercó otra flor a su vuelo, era un pequeño, fresco e inmaculado jazmín y lo hizo tangible en la policromía de sus alas, porque las mariposas, amiguitos y amiguitas, conocen secretos que jamás entenderá el hombre.

Tintorín, que se hallaba cerca con su pincel mágico, . acariciándose la larga y blanquísima barba mecida por el viento, vio aquel hechizo entre la mariposa y la flor. Daba pequeños golpes en el tronco de la guásima, para que todos sus vecinos en el bosque, no olvidaran este momento.

El aire estallaba en colores alrededor del pequeño personaje y este, feliz, gozaba de la energía de la naturaleza.

Se escuchaba un ruido como de cristales partidos: era la risa del duendecillo. Tintorín había descubierto una enorme y espeluzn…(ante)

Hasta aquí he podido copiar este pequeño relato. El pergamino en que está escrito, se encuentra en tan mal estado que nos ha sido imposible conocer el final de la fábula.

No obstante, creo que nada hemos perdido si ustedes pequeños lectores, son capaces de terminar la historia, en una hoja de papel o en la mente, (no importa) sería interesante recoger los muchos y hermosos finales que tendrá

Un duende muy peculiar.

(Pergamino #18)

UNA FIESTA DE BIENVENIDA

Estaba Tintorín invitado a la fiesta, pero otras obligaciones de carácter oficial lo tenían muy preocupado. Debía ir en busca del Maestro Ra-Nazur. Algo grave había sucedido. Cuando la noche tejió sus galas en el bosque, tomó su pincel y al evocar las palabras…

¡¡VENGAN LOS COLORES!!

…toda el área dispuesta para la festividad quedó ornamentada de los colores más vivos, lúcidos y brillantes.
Con esta acción Tintorín había cumplido su parte con los hermanos de la floresta.
¿Qué se celebraba?
La iniciación, en la gran familia de los duendes, de un personajillo muy interesante que había perdido la noción del tiempo y del espacio. Venía del país de los **Grovers**, y era, él mismo, un **Grover** juguetón, fantasioso y algo chiflado.

Una reunión misteriosa

(Pergamino #19)

Nazur esperaba a Tintorín sentado sobre un hermosos unicornio de color verde claro, las tonalidades ambarinas de su crin y cola, provocaban a su alrededor un alucinante y a vez tenue resplandor. De acuerdos a las anécdotas, historias y relatos que han pasado de generación a generación hasta el momento de este relato, el Unicornio fue un regalo real ofrecido al Gran Maestro por el rey de las tierras de los Ganeokans, al Sur de la Isla Grande, donde Ra-Nazur fue invitado principal… pero esta es otra historia…., continuemos.

(A continuación aparecen unos pergaminos con algunos párrafos borrados y otros ilegibles por la humedad lo que hace perder la hilación de la trama, por lo que seguiremos estas aventuras en el pergamino Nro. 20)

Josant de la tierra de los Grovers

(Pergamino #20)

Tintorín regresó muy tarde en la madrugada, casi a la hora radiante del amanecer.

Ya la fiesta había concluido y el pobre Josant, extraviado en el tiempo y el espacio, saltaba de un lado para el otro, todo cubierto de guirnaldas hechas de las *maravillas* silvestres y su cabello perlado del polen de los azahares.

A cada salto que daba, hacía aparecer de entre las piedras del camino, chispas fosforescentes mientras una luz brillante y espléndida saltaba a su lado. Tintorín reconoció a la pequeña y musical Umi, la duendecilla de Las Nanas.

De un salto, el duende de los colores salvó los escasos veinte *"napluz"*[7] que lo separaban de sus amigos. El travieso Josant saltó a la vez pero, perdido de la noción del espacio, quedó el pobre atrapado por el aire, manoteando y dando patadas como un alucinado. Tintorín, al ver aquella situación anormal y siendo el duende Groveriano un miembro más de la comunidad, dio una palmada y levantando los brazos dijo:

¡AIRE, SUELTA AL ORDU!

y el travieso Josant descendió suavemente hacia la mullida vegetación, entre cientos y cientos de burbujas de los más increíbles colores.

La duendecilla de las Nanas, continuaba su ir y venir, sin saber qué hacer con aquel nuevo personaje, que a decir verdad, estaba un poco fuera de sus cabales duenderiles. Y cuando ya el sol estaba asomando en el horizonte su carota de felicidad, toda la hermandad se marchó a sus lugares de origen, Tintorín se quedó el último para dejar toda el área regada del polen del olvido.

---

[7] **NAPLUZ= Medida de longitud entre los duendes igual a 1 cm. de los Hombres.**

Raze, una duenda caprichosa

(Pergamino #21)

RAZE DUEÑA DE LA CANDELA

"*Es caprichosa, traviesa y solitaria.*

Allá la vemos con sus alitas color del fuego purificado por la luz. Un polvillo de chispas la envuelve como en una alucinación fantástica.

Raze es enemiga de la lluvia, de los lagos y los ríos; como si sus ojitos no parecieran un par de gotitas de aguas, tan azules y brillantes, su poder es ilimitado en los dominios del fuego. Nació en una noche de tormenta y su cuerpecito tallado por el estampido de un rayo."

Así comienza esta historia.

La fresca brisa de la madrugada penetra por la ventana de la habitación. El breve airecillo me trae los peculiares aromas del rosal y el fuerte perfume del jazmín en flor. Tomo una taza de café para ahuyentar el sueño que ya se me encima con su caballería de hermosos estandartes.

Las niñas duermen profundamente, en el amplio sofá de la habitación.

EL PODER DE RAZE
(Pergamino #22)

*C*ierta noche clara y hermosa, como son todas las noches de esta Isla, estaban Tintorín sentado sobre un cundeamor, dándole algunos colores a ciertas campanillas silvestres cuando sintió un raro olorcillo a quemado. Puso en tensión sus sentidos y miles de burbujas se agitaron a su alrededor en el momento que ocupó la rama más alta del la Ceiba Vieja de los Galgirus. Utilizándola como atalaya divisó en lo espeso del monte, en dirección a la salida del sol, una densa columna de humo gris-oscuro que reptaba hacia lo alto en el silencio y brillo de los astros como una serpiente juguetona.
Ante aquello impredecible, Tintorín apretó contra sí a su querido pincel y se lanzó decidido hacia el lugar del desastre, dejando detrás un hermoso remolino de colores.
La breve brisa tornose en aire ardiente, casi irrespirable. Pudo ver una llama verdi-amarilla caer entre los zarcillos, bejucos y briznas de hierbas y, aunque el momento era de actuar, el duende se preguntó, lleno de preocupación, por qué la pequeña Raze había liberado su poder en una noche tan hermosa como aquella.
Tintorín lanzó su pincel maravilloso hacia el fuego y a las palabras:

¡APAGATE FUEGO!

comenzó a brotar del pincel, a manera de surtidor, una espléndida agua coralina que bajó como un abanico abierto sobre las llamas destructoras. Un humillo tenue y blancuzco comenzó a alzarse y extenderse entre tilos, yerba buena, zarzas y romerillos, hasta convertirse en una temerosa neblina que ascendería después hasta perderse entre las fuertes ramas de un almácigo. Al poco rato quedó todo, nuevamente, en la paz de los colores de Tintorín. Raze echaba chispas por sus ojos, dando vueltas alrededor de una mata de ají picante y masticando uno de sus ardientes frutos.
Cuando nuestro amigo llegó hasta ella, un hermoso arcoíris la envolvió, a fin de calmar la irritación de la Dueña del Fuego.

LA PACIENCIA DE TINTORIN

(Pergamino #23)

Raze, ¡ay Raze! ¿por qué has liberado el fuego del centro de la Raope? ¿Qué ha sucedido Raze? Te has vuelto loca?- preguntó Tintorín con su pincel preparado para responder a lo peor.

Raze, con sus alitas chispeantes extendidas y su cabellera incolora suelta al viento, contestó, no sin antes darle otra mordida al ají.

-Vengo de la floresta de Nelguz, el duende del Tiempo, tiene el cristal que refleja la vida, me asomé y vi mis cabellos.

Tintorín observaba a la pequeña desde el pétalo blanco de una vicaria

-No creía lo que estaba viendo- continuó Raze –mis cabellos sin color- le dio una mordida al fruto picante y agregó.

-¡No me gusta el color de mis cabellos!, ¡No me gusta! ¡No me gusta! ¡Estoy furiosa!.

Ascuas blanquecinas y azules escapaban de los ojos de la duendecillo. Tintorín, con calma, miró hacia un cerezo cargado de sus frutas y con un chasquido de sus dedos, varias, como por encanto, cayeron a sus pies. Extendió una de las frutas maduras y pulposas a Raze, pero ésta no la quiso y con rabia, le dio otra mordida al ají picante.

Al lugar llegaron Umy, la dulce duendecilla de las Nanas, Rocme, la duenda del Crepúsculo, Lifón, el duende inquieto y retozón, en el momento en que Raze gritaba fuera de sí.

-¡NO ME GUSTA EL COLOR DE MIS CABELLOS!

-¡No me gusta! No me gusta!.

Su voz era como el crepitar de la llama viva

-Cálmate, Raze, ¡cálmate! –le animó dulcemente Tintorín y con su pincel en la mano derecha le preguntó

LOS DESEOS DE LA MALCRIADA RAZE

(Pergamino #24)

A ver, de qué color quieres que sean tus cabellos.

-Quiero que mis cabellos sean del color morado, como ciertas frutillas que he visto en racimos, en la floresta de Nelguz.

Al oír esto:

A Rocme se le paralizaron las alitas.

A Umy se le fue una horrible nota musical.

A Lifón se le oyó decir, "!qué horri… ble tan color esta quie… re, Raze.

Y el Duende del Tiempo que venía montado sobre su trompo azul, perdió el equilibrio y dio contra la fina hierba.

-Bueno- dijo pacientemente Tintorín, morado será.

Y recogiendo el pincel, lo pasó en círculos por encima de la cabellera de la Duenda diciendo.

¡QUE SEA MORADO EL CABELLO DE RAZE!

***

(Las niñas, en tanto, se habían quedado dormidas en un sillón y están ahora en sus cómodas camitas. Estoy solo y con deseos de dormir, pero no quiero, deseo antes, adentrarme en la trama de esta aventurilla, en la cual Tintorín pone a pruebas su paciencia y poder, para cumplir los caprichos de la Intranquila Raze.)

De inmediato, un fino polvillo de tonalidades fuertes, envolvió la cabellera de Raze en un violento color morado.

Ella, admirada ante el cambio de color de su pelo, voló rauda hacia un pequeño charco de aguas tranquilas.

Cuando regresó, venía cabizbaja, no muy feliz y abochornada. Realmente el color morado no era el más adecuados los cabellos de una Duenda de su condición.

LA LECCIÓN DE TINTORIN

(Pergamino #25)

*E*so te sucede por malcriada y caprichosa!- la regañó Tintorín, añadiendo –tienes algunas malas costumbres y tu carácter ha sido muy grosero.

-Perdona Tintorín, dime, ¿qué color aconsejas para mis cabellos?

Tintorín le echó un vistazo a su pincel, pensativo, luego miró hacia los bejucos enroscados en las ramas del almácigo y después a las pequeñas ramas negras, chamuscadas por el fuego provocado por Raze, y dijo así.

-Debías quedarte así y llevarte ante Ra-Nazur para que expliques lo que has hecho por caprichosa- ante las palabras del duende de los Colores, todos prestaban atención.

-Recuerda pequeña hermana que en el mundo de los duendes no debe existir el rencor ni la ira y mucho menos la represalia, son actitudes negativas entre los Hombre y Mujeres que pueblan la zona de la luz de este planeta. Nuestro poder no debe ser utilizado para hacer mal a cosa alguna, menos a la flora que nos protege y da vida. Esas son malas virtudes que han ocasionado no poco daño a la Humanidad.

RAZE APRENDE LA LECCIÓN

(Pergamino #26)

El bosque estaba en silencio. El aire se vio pleno de los colores que irradiaba Tintorín. Las aves detuvieron su vuelo nocturno y toda la vida forestal puso en tensión su fuerza para escuchar las sabias palabras del Duende, quien, alzando el pincel agregó.
-Le daré a tus cabellos el color que mejor se ajusta a tus poderes, será sin dudas tan hermoso que te sentirás complacida y aplicarás tu mal carácter.
De las manos del dueño de los colores saltó el pincel y comenzó a dar vueltas y vueltas alrededor de la cabecita de Raze hasta convertirse en un remolino y descender sobre la larga cabellera de la pequeña duenda una hermosa niebla rojiza.
Lifón dio un salto atrás, sorprendido. Lo que dijo, no pudo ser recogido en los anales duenderiles porque nadie entendió su jerigonza.
El duende del Tiempo quedó como alelado sobre su trompo azul. La niebla fue disipada por una breve brisa. Los frutos verdes maduraron antes de tiempo.
¡VENGA EL COLOR DEL FUEGO!

gritó Tintorín y Raze reapareció ante todos con una cabellera de tonalidades rojizas, parecida a algunos marañones maduros y quedó admirada. Cuando sus pa... (aquí siguen algunas palabras ilegibles dado a lo mal protegida que estuvo la página que estamos leyendo a la inclemencia del tiempo por tantos y tantos años)

Tintorín se marchaba ya, las primeras luces del día se estrenaban por sobre los cercanos palmares. A

l mirar hacia atrás, pudo ver cómo raze recogía una de las cerezas y le daba la más grande de las mordidas.

Luego, todo el lugar fue cubierto por el polvo del olvido que esparcieron los duendes al marcharse.

Nunca más Raze desató los poderes de la candela. Se la veía con su hermosa cabellera, como una llamarada fascinante.

Y así fue por siempre, según cuenta esta historia.

Historia para insomnes.

(Pergamino # 27)

El aullido de la maldad es la impotencia.
No podemos sentir lástima por lo que
nos es dolo

LA NOCHE. Exilia SALDAÑA (Cuba)

NAOFU

Estaba triste. ¿Nazur triste? Sí, estaba triste y pensativo el *Dueño de la Noche* y *Maestro de los duendes*, tan triste que todos los insectos y animalitos del bosque se recogieron temprano para no molestar a Ra- Nazur.

Más que triste, estaba preocupado por Naofu, el Espíritu del Sueño. Había burlado su poder, vestido con el traje pavoroso del miedo y escapado hacia las regiones de la maldad, seguido por sus Musarañas, a atemorizar y angustiar a los pequeños hijos de los hombres, infringiendo así el precepto Nro. 8 del DECÁLOGO DE RA-NAZUR, que dice"

"El llanto no ensombrezca la hermosa inocencia infantil"

En su silencio pensaba *"la maldad se ofrece como una flor enferma que a veces aviva sus colores y muestra su nobleza de flor, pero cuando no tiene cura, entonces los hombres, como jardineros buenos y justos, la cortan para que no dañe a las demás flores del jardín"*

-¿Por qué Naofu, a cambiado sus alas por estas de temible color? se decía una y otra vez.

-Por qué esos ojos desorbitados, esas uñas y esos dientes como semillas de melón?

-Por qué invade el apacible sueño infantil convirtiéndolo en terrible pesadilla?

La luna brillaba en todo su esplendor y matizaba vivamente las altas ramas de la Ceiba Vieja.

Nazur esperaba a los miembros del Consejo para celebrar el Galgiro Extraordinario que enjuiciaría las acciones cometidas por Naofu.

-Los duendes- meditaba el Dueño de la Noche- al igual que los hombres, somos dominados por los mismos sentimientos de amor, envidia, ingratitud, celos, solidaridad, traición y sufrimos las infelicidades como ellos las sufren; castigamos y somos castigados.

DUENDES Y GALGIRO

(Pergamino #28)

Un breve rumor, como de papel estrujado, zumbido de abejas, brisa entre las hojas de las palmas, cristales partidos y agua vertida al fondo de una fuente de mármol , lo sacaron de sus meditaciones.

Decenas de duendes, güijes, fantasmas, brujas y aparecidos, montados en escobas, libélulas, unicornios, saltamontes, sapos, etc. hicieron un círculo alrededor de Ra-Nazur debajo de la Ceiba Vieja, para escuchar con atención sus palabras y saber los motivos de la celebración del Galgiro de manera tan urgente.

Por entre el encaje de la vegetación, la luna cernía su luz, dando a la reunión la suave serenidad de un sueño fabuloso.

Ra-Nazur con el brillo gris verdoso de sus pupilas recorrió la pequeña multitud de los participantes al Galgiru, exponiendo al Consejo de todos los duendes, la violación cometida por Naofu.

-Violación cometida en el mundo de las tinieblas, del cual soy dueño y señor, desde la línea hermosa que separa a la noche de la luz.

Luego de dar lectura al Precepto Nro. 8, del DECÁLOGO, Ra-Nazur comenzó a exponer sus ideas y criterios.

-Problema intrincado el que vamos a debatir- le dijo Rocme, la Duenda del Crepúsculo al pequeño e inquieto Lífon, mirándose con modestia las uñitas de sus manos. y agregó – qué es Naofu sino el Duende de la Angustia y el Temor? –Abrió sus alas azules y amarillas y terminó por decir –hicimos muy mal, desde el principio, en tenerlo entre nosotros- seguidamente se acomodó en el centro de un clavel.

Lífon, el pequeño duende de la boca grande y saltitos nerviosos, parándose sobre una güira cimarrona, preguntó al Galgiro.

-¿Qué culpa… cuál es la de Naofu este… pues?- y continuó hablando de esta manera tan original –llora un niño… frente ante la oscu…ridad, una cosa fea o una rega…ñona y áspera… mamá- dio un salto hacia delante, se acomodó el gorrito sobre su cabello color lechuga fresca y se sentó de un salto, luego preguntó.

-¿Cuál… qué culpa tiene este… él?

La Duendecilla de las Nanas, con su pequeña arpa entre las manos, revolotea sus alitas fabulosas y dice

-He visto con gran dolor, llorar desconsoladamente a los bebes, por culpa de las terribles pesadillas. He sido testigo presencial de cuanto digo y ni mis canciones les calman siquiera el terror que sienten.

Dicho esto, toma lugar nuevamente junto a sus demás compañeros.

TINTORIN HABLA DE JIRIBILLA.

(Pergamino #29)

Un bello arcoíris comenzó a nacer en el círculo formado por los duendes. La Ceiba Vieja tornasolaba en la oscuridad.

Tintorín, el Duende de los Colores, se paró de un salto sobre la rama flexible de un romerillo y dijo.

-Hermanos, creo entender la tristeza que siente el venerable Ra-Nazur, ¿piensan que la serpiente Susy no tiene culpa cuando mata para comer. Ustedes dirán y con razón, que es la Ley de la Existencia. Entonces, ¿por qué nuestro Jiribilla la castigó, como cuentan los anales del Libro de los Duendes?

Tintorín, con ceño duro, miró a todos los participantes del Galgiru y continuó.

-¿Fue acaso por gusto? ¡NO!, Jiribilla lo que hizo fue castigar la gula de Susy, la forma traicionera y abusadora que utilizó para tratar de matar a un polluelo indefenso sin necesidad ninguna, porque hambre no tenía.

Las burbujas que desprendía Tintorín, relucían en la noche. Un aire sereno comenzó a pasearse entre los reunidos y Nelguz, el Duende del Tiempo, jinete sobre un trompo azul, giró alrededor del Galgiru diciendo.

-Naofu es ahora el causante del llanto de los hijos del hombre. Entra en sus sueños, interrumpe el mundo onírico de sus fantasías y todo lo convierte en terribles pesadillas- y alzando sus dos bracitos a la noche, gritó- ¡Naofu debe ser castigado!.

EL GALGIRU HACE SU VOTACIÓN

(Pergamino #30)

A cada vuelta que daba Nelguz en su trompo, hacía brotar una gaza como de neblina tenue y magnífica.

En la última vuelta se le oyó decir "he terminado".

Cuentan que dos horas después de una vasta discusión a favor y en contra de Naofu, Ra-Nazur, alisándose la barba verde esmeralda, se colocó en medio del Gran Galgiru, alzó sus ojos al inmenso reino de la oscuridad y declaró.

-Hermanos, hemos debatido la situación, votemos. Los que estén a favor del castigo que se merece Naofu, deben colocar en el centro del Galgiru, el Cristal de nuestra

congregación, quienes estén en contra, deben mantenerse en sus puestos.

La eterna bruja Dore, de larga nariz y ojos saltones, se mantuvo en su lugar, acariciando el largo cayado y olisqueando la luna. Fue el único voto en contra

Naofu fue sentenciado a vivir en el País de las Nadas.

Historia para insomnes. (FINAL)

(Pergamino Nro.31)

RA-NAZUR Y TINTORIN HACEN UN PLAN.

Terminado el *Galgirus Extraordinario*, convocado por Ra-Nazur, cada uno de los miembros esparció en el aire y alrededor de la Ceiba Vieja, el polen de niebla y olvido recogidos en su ir y venir por las regiones de la fantasía, para que nadie, animal ni hombre, sufra alucinaciones o pierda la memoria al pasar por el lugar.

-Porque sobre todo el Hombre- alertó Ra-Nazur- es muy dado a la curiosidad, al fisgoneo, a la indiscreción- y agregó- estos afanes le han traído no pocos problemas en su vida a través de toda su historia.

Tintorín y el Padre de la Noche se quedaron solos para planear el cumplimiento de lo acordado esa noche.

-Es dolorosa la medida, hermano, más debe ser acometida sin vacilación –la voz de Ra, profunda y clara, era llevada por la brisa hacia lo profundo de la noche.

-Parecía una voz triste- contó días después Tintorín a la comunidad de duendes.

En silencio el Duende de los Colores sentía gran pena por su Maestro; también sabía que la misión encomendada a él, por los miembros del Galgiro no era fácil, sobre todo tratándose de Naofu.

Ya Ra se marchaba en su unicornio cuando Tintorín, corriendo hacia él le dijo.

-Maestro, deseo que me acompañe Umy a quien Naofu no pudo conquistar para llevar a efecto sus horrendos objetivos. Tintorín quedó en espera de la respuesta del Maestro y este, con un suave gesto de la mano, le dijo estar de acuerdo.

TINTORIN Y UMY

(Pergamino #32)

Cuando la línea celeste impulsaba los diamantes de la noche hacia otras regiones del mundo, Ra-Nazur y Tintorín se despedían, desapareciendo ambos por diferentes rumbos, no sin antes dejar tras de sí, el Polen del Olvido, envuelto en la fragancia fabulosa del amanecer.

Y precisamente a esa hora, Umy, la Duendecilla de las Nanas, la que canta a los niños en el mágico silencio de sus sueños, tan pequeña que su cuerpecito se acomoda fácilmente en una cáscara de mamoncillo, se encontraba sentada frente a su pentagrama. Una de sus tantas canciones está naciendo en estos momentos; su cabellera larga y de un azul esplendente, se mecía ante cada movimiento de su cabecita, provocado por las notas escapadas de su voz fina y bien timbrada. Tintorín la sorprendió en uno de sus ejercicios.

Escuchaba.

"Duérmete que el sueño
su luz regaló
a la fina lluvia
que cae con amor.
Duérmete en la lluvia
que el sueño llegó
como un beso breve
de luz y canción.
Nana de este sueño
que se humedeció
con la fresca lluvia
de fragante olor.

-Pssssst, Umyyyyy…- susurró Tintorín

Al volver el rostro para ver quién la llamaba, un polvillo azul y plateado se elevó alrededor de la duendecilla y sus alas, de espuma y encaje, se abrieron en un aletear prodigioso.

¡Tintorín!- exclamó llena de alegría al ver a su hermano del bosque.

Una luz hermosísima irradiaba el momento del encuentro.

-Hermana Umy, he sido encomendado por el Galgirus, como tu sabes, a una misión muy importante, difícil y peligrosa y necesito que me acompañes.

-¿Capturar a Naofu y enviarlo al País de las Nadas?- Umy puso una carita de tristeza y continuó- Estoy dispuesta.

Con la pequeña arpa en sus manos, Umi se acercó a su pentagrama acompañada de Tintorín.

-Estoy dispuesta a acompañarte, amigo, he sido testigo de las maldades de Naofu y sus Musarañas como ya dije en el Galgiro.

Un pequeño pero brillante rayo solar se apresuraba por penetrar en el espeso manigual donde se encontraban nuestros amiguitos. El pincel mágico tornó aún más densa, intrincada y oscura, la escena.

A cierta distancia solamente se podría, a los ojos de los humanos, , percibir una pequeñísima luz dentro de aquella espesura; ¡así de simple y a la vez complejo es el mundo de los duendes!

-¿Y sabes en qué lugar se encuentra Naofu- preguntó Tintorín, temiendo que el siniestro Ser hubiese escapado.

-En estos momentos- dijo Umi- según me han comunicado las huestes de los Grovers,

-Los Grovers son nuestros amigos y saben de nuestra hermandad que ya dura siglos, desde la era de Morgones, según cuentan mis antecesores.

-Entonces, Tintorín, pongámonos en marcha, cuando el sol se marche de nuestras tierras.

-Así será-respondió el duende.

HACIA LA TIERRA DE LOS GROVERS

(Pergamino #33)

Ambos amigos, una vez que el día entornara sus ojos y la noche se hiciera dueña de todo lo existente, se lanzaron jinetes sobre sendos colibríes, hacia la tierra de los Grovers, más allá de la Gran Punta Oriental de la Isla[8], atravesando el mar.

En un par de horas recorrieron la distancia y llegaron cerca del Gran Lago Salado, existente en las tierras groverianas del suroeste de la Isla hermana.

Al llegar nuestros amigos al lago, vieron que Naofu y las Musarañas dormían el terrible sueño de la maldad. En la misteriosa laguna de la Madre de Aguas, estaba el duende rebelde al Decálogo de Ra-Nazur, con su cuerpo lleno de escamas, su vientre englobado y sus alas de miedo, distendidos en el reposo.

Madre de Aguas lo contemplaba con repugnancia; ella no pertenecía al mundo de los duendes y por tal razón podía, con sus encantos y poderes, atemorizar hasta la locura a cuanto curioso se acercara a las orillas de su hábitat.

Naofu escogió precisamente este lugar como centro de descanso y aquí estaba, recuperando sus fuerzas lejos de las huestes de Ra-Nazur.

---

[8] *Investigaciones recientes han constatado que, según la descripción geográfica dada por Umy, la Gran Punta Oriental de la Isla es la hoy Punta de Maisí en la Isla de Cuba. La región de los Grovers es la Rep. Dominicana y el Gran Lago Salado, es el actual Lago Enriquillo, en la provincia de Bahoruco, en esa Nación.*

NAOFU: LAS REGIONES DE LAS NADAS

(Pergamino #34)

De repente, el Ejército de las Musarañas fue convertido en pequeñas burbujas incoloras que desaparecían haciendo simplemente ¡PLOC...PLOC...PLOC!

La Madre de las aguas, al ver aquello, lanzó un chillido espeluznante y llena de miedo o alarmada, se lanzó hacia las profundidades del lago.

Cuentan que las aguas se arremolinaron en una increíble turbulencia.

Umi comenzó a cantar una de sus Nanas más dulces haciendo sentir a Naofu el más profundo de los sueños. Tintorín, mientras tanto, envolvía el cuerpo del terrible duende con sus fuertes pinceladas. Aprisionaba sus alas gruesas y sujetaba sus manos, una contra la otra, sus manos largas y secas como gajos de naranja viejo.

Naofu sintió un escalofrío en su piel escamada. La noche no le reveló su belleza increíble ni su panal de ensueño y fantasía. Al abrir sus ojazos, como botones de incendio, se encontró frente a sus dos ex hermanos, envuelto en los justos colores de Tintorín.

Inmovilizado como estaba e inseguro de sí mismo, con toda la maldad cubierta por una mancha que lo aniquilaba, Naofu se hacía cada vez, más débil y cobarde.

Y cuenta la leyenda que un humo extraño surgía del mismo centro de la noche, una niebla arremolinada color ambarino, radiante, bajaba en busca de Naofu, lo envolvía junto a sus estridentes chillidos de terror y lo elevaba hacia las tenebrosas regiones de Las Nadas, lugar donde aún permanece desde entonces.

Epílogo

Este es el último pergamino legible encontrado dentro del coco hallado por Legna y Li, en las márgenes del arroyo de Méndez.

Más de treinta manuscritos totalmente ilegibles han quedado inéditos y en el misterio.

Terminando de dar lectura a este pergamino, el nro. 34 en los anales de la DUENDERIA, surgió de repente una Tatagua agitando sus alas. Sobresaltada por la luz de la habitación escapó finalmente por una de las ventanas seguida de unas burbujas de extraños colores. Me imagino que iría en busca del sortilegio de la madrugada o quizás en busca de Jiribilla, en algún lugar de esta Isla. Quién sabe.

Mucho se ha hablado y leído sobre los duendes, mucho se ha escrito, pero estos relatos revelados en estos pergaminos, ¿serán ciertos?

Muchas preguntas podríamos hacernos porque las Leyendas tienen posibilidades de ser ciertas o no.

Acaso los duendes existan ahora convertidos en ese árbol que sombrea tu camino de ir a estudiar y bajo el cual disfrutas de su sombra.

Quizás entren en tus sueños para darle colorido a tus pensamientos de dormir.

O posiblemente estén a tu lado en estos momentos, mientras lees estas líneas y te susurren al oído, como con voz de brisa breve, todo cuanto vas descubriendo a tu alrededor.

Quién sabe sean esas semillitas que tiraste alguna vez a orillas del camino o en el jardín de tu casa o en el huerto de tu colegio o escuela y a su tiempo, asomaron sus dos alitas verdes como para ver el sol y tu risa.

O estén finalmente en el ruido de la vida,
en el murmullo de la brisa,

en el canto de los pájaros,

en el golpe de la lluvia cuando cae

o en tu sonrisa o la de tus compañeros de juego.

Para eso son los duendes de tu imaginación

Piensa lo que desees porque ¿sabes?, sean una u otra cosa, ¿no te parece maravilloso que alguna vez hayan existido estos personajes?

Ustedes y yo, guardaremos el secreto.

Fin

Comentarios al libro

*E*n su libro D*uendería*, donde los adultos aguzamos nuestros recuerdos con las brujas, duendes y otros sentires de semejantes creencias, fantasías y realidades,, encontramos una alucinante variedad de la flora y la fauna de esta parte del Caribe lo cual enriquece con valor literario la lectura de textos para niños y niñas... En verdad del Valle nos hace sentir orgullosos con su aporte a la Cultura Hispanoamericana.

Arturo Potestad. Cuba.EUA
Artista Plástico

*D*UENDERíA, nos va llevando por senderos de referencias históricas que secundan a la historia infantil en sí, lo que confirma el amor del poeta por su tierra natal...
"Los viajes más largos comienzan con el primer paso" nos hace referencia el autor y constatamos que a través de sus letras emprendemos un viaje de encanto hacia el niño interior que llevamos dentro. El personaje Tintorín dice en sus versos: *"¡Despiértense los colores del capullo de las flores"* y es en ese punto de la lectura que nos percatamos haber emprendido ese largo viaje con **DUENDERÍA**. Y entonces aparece Raze "La Duenda de la Candela" el personaje femenino signado por malcriada y caprichosa entre duendes que le dan una lección y dejan su moraleja.
En toda la lectura se destaca la pureza y la inocencia infantil lo que es una caricia al alma con un mensaje de amor por la naturaleza y las criaturas que se cobijan en los bosques debajo de las ceibas. Y por consideración a tan bendita obra dejo aquí pendiente los capítulos finales y epílogo sin mencionar, para que vosotros mismos vayan descubriendo la magia con su propio corazón...
 Y para concluir mi nota hago saber a Ernesto R. del Valle que a mí también:
"Me ha asombrado saber que hay personas que nunca han visto
un duende. No dejo de sentir pena por ellos.
Deben de tener algún defecto en la vista.
                                        Axel Munthe

Lilian Viacava Dama de la Poesía
Montevideo - Uruguay
2 de junio de 2015

El escritor Ernesto R. del Valle, no deja de admirarnos por su talento creativo. Esta vez, ha llegado con pinceladas mágicas trayéndonos cuentos con personajes y decoro de su amada tierra, Cuba, en **Duenderías**. Como él mismo dice en su introducción, el niño que lleva dentro… sigue en pie. Nunca olvidará las estampas alucinantes que escuchó contar a sus antepasados y que con maestría e ingenio, él, las ha transmitido, también, a sus generaciones.

Con floreciente imaginación ha logrado tejer, entre leyendas e historietas, un mundo de duendecillos que hábiles en su quehacer cotidiano, logran distraer a los niños que juegan en sus dominios - el bohío -, enviándoles consejos y moralejas.

Sus personajes, cobran vida. Los duendecillos cada uno se manifiesta de manera imprevisible: Ra Nazur, "Dueño de la Noche y Maestro de los Duendes", Raze la caprichosa, Tintorín y sus hermanos del bosque son muy peculiares en su comportamiento. Y, qué decir de esa Ceiba vieja, personaje central, haciendo danzar a los duendecillos alrededor de ella, creando magia y ensueño en la vida de todos.

Así, Ernesto, a manera de pergaminos, desenrolla cada una de sus 34 duenderías con lenguaje sencillo, pero, revestido de belleza literaria. Bien pudiera decir de esta maravillosa obra de Ernesto R. del Valle que tiene visos mágicos como la obra de "El Señor de los Anillos» del famoso escritor británico J.R.R. Tolkien, por su contenido, lenguaje, paisajes, personajes e imaginación abundante y que lo transmiten, ambos, a su mundo duenderil.

Presiento que, pronto, vendrán otros pergaminos para hacer soñar chicos y grandes !!Enhorabuena!!!

Tu imaginación no duerme, Ernesto, esta es el arma de los grandes escritores.

Cecilia Zevallos Petroni
Ing. Agrónoma y poeta
Ecuador-Canadá.

*C*on gran cariño he leído **Duenderías**, me parece un libro que ilustra con un lenguaje y una prosa muy clara y despierta gran interés en el lector, seas pequeño o grande, pero lo más genial de todo es que rescata la cubanía, y ese pensamiento martiano que como dijo el poeta ilumina y nos da la fortaleza de seguir defendiendo esa fauna y esa flora tan nuestra, tan querida en nuestra tierra bella.

.Tony López Rodríguez. Cuba.
Periodista, politólogo y analista internacional.

ACLARACIÓN NECESARIA:

Los anales escritos en el libro DUENDERÍA, quedan salvados para la posteridad tan sólo por un golpe de suerte, el haber sido hallados de manera casual por dos pequeñas niñas: Li y Legna, a ellas pertenece para la eternidad el honor y el mérito.

En cualquier lugar de este mundo

(Quincuagésima Edad 4ta de la Luna)

Made in the USA
Columbia, SC
28 November 2020